d 4853

LIBERTÉ D'ENSEIGNEMENT.

Imprimerie d'A. SIROU, successeur d'A. Pihan de la Forest,
rue des Noyers, 37.

LIBERTÉ D'ENSEIGNEMENT,

EXAMEN

DE LA QUESTION

AU POINT DE VUE

CONSTITUTIONNEL ET SOCIAL,

PAR Mᴳᴿ PARISIS,

Évêque de Langres,

PARIS,
A. SIROU, IMPRIMEUR
Rue des Noyers, 87.

LANGRES,
LAURENT FILS, LIBRAIRE
Imprimeur de l'Évêché.

1843.

LIBERTÉ D'ENSEIGNEMENT.

Nous avions exprimé quelques-uns de nos vœux sur cette question; nous l'avions fait de bien bonne foi et avec toute modération, pour le fond comme pour la forme. Ce que nous aurions pu réclamer comme un droit, nous le demandions comme une grâce, et encore nous n'en demandions qu'une partie, parce que des hommes éminents nous avaient représenté que, dans l'état présent des esprits, on ne pouvait arriver que par degrés à la liberté véritable et complète de l'enseignement. Cependant on a trouvé nos premières demandes excessives, et on les a qualifiées plus que sévèrement. Nous étions bien sûr qu'elles n'avaient rien de contraire ni au droit naturel, ni au droit divin. Mais n'avaient-elles rien d'opposé à notre droit public? n'offensaient-elles pas notre pacte social, la charte constitutionnelle de 1830, ou bien n'offraient-elles pas quelque chose d'incompatible avec l'état actuel de la société?

Nous nous sommes fait ces questions, et nous y répondons dans cet *examen*, que nous donnons au public sous une forme toute élémentaire. Nous avons voulu être simple, afin d'être plus précis; et, pour ne pas cesser d'être calme, nous nous sommes exposé à rester froid. A d'autres il est réservé de revêtir d'un style sublime d'effrayantes et impossibles théories[1]. Comme il s'agit maintenant surtout de réalités, nous avons saisi la question par ce qu'elle a de plus substantiel et de plus pratique.

Nous n'avons pas l'intention de faire du bruit, mais seulement de jeter quelque jour dans une question d'une immense portée, sur laquelle beaucoup dissertent sans la comprendre, et que les passions ont rendue plus délicate, plus difficile, plus dangereuse qu'elle ne devrait l'être.

[1] M. de Lamartine, dans un morceau récemment publié, et revêtu de tous les prestiges du langage, se prononce comme nous pour la liberté d'enseignement : mais il veut qu'elle s'opère par la séparation entière de l'Église avec l'Etat, de telle sorte que le gouvernement ne ferait plus de traitement au clergé et reprendrait les temples. Il y aurait beaucoup à dire sur la légitimité de cette nouvelle confiscation : mais à quoi bon provoquer des commotions sociales? l'expérience d'un peuple voisin ne nous prouve-t-elle pas que cette effroyable rupture n'est pas nécessaire à la liberté d'enseignement. M. de Lamartine est poète partout, et *la poésie vit de fictions.*

Si l'on nous demande pourquoi nous descendons de la chaire des vérités divines pour entrer dans ce champ clos des discussions humaines, nous répondrons que nous prenons bien à regret cette position nouvelle, mais qu'on nous y a forcé puisque d'abord il nous est interdit de parler comme Evêque de certains intérêts sociaux, qui sont cependant intimement liés avec ceux de l'Église, et puisque d'ailleurs nous avons à combattre beaucoup d'hommes qui n'admettent pas les raisons tirées de la foi. Est-ce donc notre faute, si l'on ne comprend plus, si l'on ne veut plus comprendre les considérations purement religieuses, et si la plaie est envenimée au point que les remèdes qui devraient le mieux la guérir ne font que l'aigrir de plus en plus? Nous le savons, le langage humain convient mal à notre bouche; cependant il faut bien l'adopter avec ceux qui n'ont l'intelligence que de celui-là. L'apôtre saint Paul ne le faisait-il pas à l'égard des chrétiens récemment arrachés au paganisme? Ne disait-il pas aux fidèles de Rome : *Je vous parle un langage humain à cause de l'infirmité de votre nature.* (Rom., VI, 9.)

On s'obstine à répéter que nous ne défendons que la cause du clergé : il faut bien faire voir que nous défendons la cause de tous, même la cause de ceux contre qui nous réclamons.

On dit qu'à l'occasion de la liberté d'enseignement, il y a guerre entre l'épiscopat et l'université; cela peut être, mais ce n'est qu'un résultat de la question, ce n'est pas la question
elle-même. La guerre existe entre le droit et
l'usurpation. Il est bien vrai que l'épiscopat est
du côté du droit et qu'il combat pour lui; mais
il combat avec les amis de l'ordre et de la justice; il combat pour la France autant que pour
l'Église, pour la famille aussi bien que pour la
conscience, pour la Charte constitutionnelle en
même temps que pour l'Évangile.

Aussi, qu'on le remarque bien, c'est uniquement une question de droit que nous allons
traiter et non point la question du fait accom-
pli; c'est-à-dire que ce qui nous occupe, c'est
la loi qui doit être discutée bientôt [1] et non pas
précisément la position que le gouvernement
nous a conservée jusqu'ici. Nous serons, sans
doute, forcé de toucher à cette position, mais
ce sera pour l'examiner en elle-même, et non
pour jeter le blâme sur le pouvoir qui l'a main-
tenue. Nous signalerons le passé, afin d'éclairer

---

[1] Dans nos convictions, la loi du 28 juin 1833, sur
l'instruction primaire ne peut être que provisoire, puisqu'elle est établie tout entière sur le système du monopole. D'ailleurs ceux même qui sont chargés de la faire
exécuter, en ont déjà compris les graves inconvénients.

l'avenir; mais nous ne nous chargerons pas de
le juger. Nous pensons qu'il faut faire la part
des difficultés innombrables qui se rencontrent
à la suite des révolutions et qui commandent
quelquefois l'ajournement des mesures les plus
désirables. Le gouvernement actuel n'a pas créé
l'université : il l'a reçue, et peut-être ne pou-
vait-il pas d'abord se dispenser de la recevoir,
telle qu'elle se trouvait alors, malgré tout ce
qu'elle offrait d'antipathique au nouvel état de
choses. Maintenant il lui est réservé de la mettre
tout-à-fait en harmonie avec nos institutions,
ce qui, selon nous, ne peut se faire que par la
liberté absolue de l'enseignement[1]. Nos asser-
tions paraîtront peut-être d'abord étranges et
hardies; nous demandons en grâce qu'on veuille
bien ne pas se prononcer sur leur valeur avant
de nous avoir lu jusqu'au bout. On a tant abusé
en France de la liberté, que les gens de bien
sont excusables de la redouter à l'excès. Oui,
sans doute, la liberté a ses dangers; mais quand
elle a passé dans les mœurs, quand elle est écrite
dans les lois, quand elle est devenue un besoin

[1] Nous ne parlons pas dans cet écrit des Facultés spé-
ciales qui, évidemment, doivent être soumises à des conditions particulières. La liberté est promise à l'enseignement, mais non à l'exercice de la médecine, du
droit, etc.

public, le plus grand danger pour un gouverne‑
ment, c'est de vouloir la comprimer au lieu de
la mettre dans ses intérêts.

Au reste, nous ne voulons détruire rien de ce
qui existe. L'université peut garder toute sa
hiérarchie, toute son organisation, ses comités,
ses inspecteurs, ses examens, ses grades ; séule‑
ment nous demandons, qu'à côté de cette société
savante, puissante et riche, il soit permis à cha‑
cun d'élever des maisons d'éducation pour les‑
quelles l'état ne ferait aucun sacrifice et sur les‑
quelles il aurait seulement un droit de surveil‑
lance [1].

Nous nous adressons aux hommes sérieux,
et nous les prions de nous réfuter, si nous ne
sommes pas dans le vrai. Nous ne tiendrons pas
compte des autres attaques. Nous nous présen‑
tons avec les armes de la logique, et nous pré‑
tendons combattre pour l'intérêt de la société
toute entière. Sur ce terrain, Dieu aidant, les
sarcasmes ne nous atteindront pas, les menaces
surtout ne nous intimideront pas.

[1] M. Guizot a dit : « Il appartient à l'État d'offrir l'é‑
« ducation dans les établissements publics à ceux qui vou‑
« dront la recevoir, et de la surveiller dans les établisse‑
« ments où elle est l'objet de spéculations particulières. »
Nous ferons seulement observer à l'illustre écrivain que,
grâce à Dieu, toutes les maisons particulières d'éducation
de ce genre ne sont pas des objets de spéculation.

I.

Nous entendons par *la liberté d'enseignement* le droit acquis à tout Français de se faire instruire par qui bon lui semble, et réciproquement le droit pour tout Français de communiquer aux autres l'instruction qu'il a ou qu'il prétend avoir, sauf la répression des lois, si l'on abuse de son droit. Ainsi nous comprenons la liberté de l'enseignement dans le sens le plus naturel et par cela même dans sa plus large acception [1]. Nous en mesurons, autant qu'il est en nous, toutes les conséquences bonnes et mauvaises et nous disons avec une conviction profonde, que, dans l'ordre actuel des choses, cette liberté d'enseignement est une nécessité.

II.

Pour que la liberté d'enseignement soit une nécessité parmi nous, il suffit qu'elle soit un droit.

Sous une monarchie absolue un droit n'est pas toujours en fait une nécessité, parce que

[1] C'est ainsi qu'elle est comprise en Belgique. C'est donc dans ce sens que la demande Mgr le cardinal-archevêque de Lyon, aussi bien que tous ceux qui réclament la liberté d'enseignement sans rien dire qui restreigne leur pensée.

le pouvoir discrétionnaire peut, par une décision sans appel, en interdire l'exercice ; mais
dans une monarchie constitutionnelle qui pro-
clame en tête de sa loi fondamentale que *les
Français sont égaux devant la loi*, un droit et
surtout un droit public et général établit tellement une nécessité, qu'en le méconnaissant, en
l'entravant, on ébranle les bases de la constitution et on compromet l'avenir de la société.

Il ne s'agit donc pas de se demander de combien d'individus se compose le corps de l'université qui jusqu'à ce jour a *monopolisé* l'instruction, ni quels sont ses appuis et ses
protecteurs. Il s'agit de savoir si cette institution,
telle qu'elle *se comporte* aujourd'hui, est selon
la loi ou contre la loi.

Quand elle ne serait contraire qu'aux droits
certains du très-petit nombre, ces droits certains
devraient l'emporter sur elle ou bien la charte
serait un mensonge. Or il nous semble très-
facile de faire voir que l'organisation actuelle
de l'université est formellement contraire aux
droits de tous, même aux droits de ceux qui en
font partie. L'université peut bien procurer à
ces derniers une position qui les flatte, mais il
n'en est pas moins vrai que, du jour où ils voudraient pour eux-mêmes ou pour leurs enfants,
s'affranchir de son joug (et nous connaissons
d'anciens universitaires qui en sont là), ils

sentiraient qu'ils ne sont pas libres. Ce ne sont donc pas des exceptions ni des privilèges, ce sont les droits de tous que nous allons établir.

III.

La liberté de l'enseignement est un droit pour tous, parce que la charte constitutionnelle de 1830 l'a promise et consacrée [1].

« Art. 69. Il sera pourvu successivement par « des lois séparées, et dans le plus court délai « possible, aux objets qui suivent... 8° l'instruc- « tion publique et la liberté d'enseignement. » Une promesse aussi positive de la part d'une des parties contractantes établit un droit en faveur de l'autre partie: personne ne le conteste. Donc tous ceux qui sont appelés à concourir à la formation des lois, quand ils font serment d'o- béissance à la charte, contractent l'obligation la plus sacrée de satisfaire à cette promesse *dans le plus court délai possible.*

Mais en quoi consiste cette promesse? Le

[1] Si l'on repousse nos conclusions comme exorbitantes, alors il faut prouver qu'elles sont mal déduites. Si elles étaient légitimes, et que cependant on n'en voulût pas, alors il faudrait, pour ne pas être inconséquent, nous don- ner une autre constitution, ce que sans doute on n'est pas tenté de faire; si donc on maintient la charte, il nous la faut avec toutes ses conséquences naturelles et nécessaires.

voici selon nous : Elle consiste à régler *l'instruc-tion publique* de manière à donner *la liberté d'enseignement*, c'est-à-dire qu'on aura satisfait à cette promesse, quand on aura combiné les encouragements et les faveurs, les répressions et les peines avec la liberté donnée à tous d'en-seigner, sous leur responsabilité personnelle, et sauf les peines de droit contre ceux qui auront fait mauvais usage de leur liberté.

La charte ne suppose ici aucune mesure ni préventive ni impérieusement directive. La liberté est chose indivisible ; elle est ou elle n'est pas. Une censure quelle qu'elle soit, serait in-compatible avec la liberté de la presse [1].

Un examen préalable quel qu'il soit, quand il est obligatoire, est essentiellement offensif de la liberté d'enseignement [2]. Donc de quelque manière que soit conçue la loi sur l'instruction

---

[1] Des hommes estimables regrettent la censure ; nous n'avons point ici à discuter leur opinion ; elle a de fortes raisons en sa faveur. Nous disons seulement que la li-berté de la presse l'exclut nécessairement. Nous faisons des déductions et non des théories.

[2] Les brevets et les grades universitaires ne sont pas détruits par la liberté d'enseignement. Ils demeurent même obligatoires pour ceux qui font partie de l'Univer-sité ou qui veulent entrer dans certaines carrières spé-ciales, mais ils deviennent seulement facultatifs pour les autres qui ne font qu'enseigner. Ces brevets et ces grades

publique, la liberté d'enseigner et de se faire enseigner doit rester entière. Donc l'article fonda-
mental devra, comme en Belgique, se résumer
en ces paroles : *l'enseignement est libre ; toute
mesure préventive est interdite; la répression des
délits n'est réglée que par la loi.*

Que l'on ne dise pas que cette interprétation
est arbitraire, car elle est littérale et exclusive
de toute autre. Si le législateur eût voulu régle-
menter l'instruction publique tout-à-fait à son
gré, il n'eût pas ajouté ces mots, qui évidemment n'y ont été mis que pour limiter les droits
du pouvoir : *Liberté d'enseignement.* Mais il les
a ajoutés, parce qu'il savait bien que la France
le voulait ainsi, et comme pour lui dire : quels
que soient les réglements à intervenir sur *l'instruction publique,* vous aurez *la liberté d'enseignement.*

N'est-ce pas ainsi et uniquement ainsi que
s'expliquent les autres numéros du même article? par exemple :

1° *L'application du jury aux délits de la presse.*
N'est-ce pas à dire : de quelque manière que

seront toujours pour ces derniers, des titres à la confiance publique, et nul doute que beaucoup d'entre eux
ne s'efforcent de les obtenir, si surtout le jury d'examen
est composé de manière à offrir des garanties d'impar-
tialité.

soient conçues les lois pour la répression des délits de la presse, *le jury y sera toujours appliqué.*

2° *La responsabilité des ministres et des autres agents du pouvoir.* N'est-ce pas à dire : quelles que soient les personnes considérées comme agents du pouvoir etc. ; *les ministres* du roi, en ce qui les concerne, seront toujours *responsables.*

Qu'on lise attentivement tous les numéros qui suivent et on verra que dans chacun d'eux il y a au moins un mot d'un sens absolu qui renferme l'intention bien arrêtée du législateur; et il est évident que dans le n° 8, ce mot est : *Liberté d'enseignement.*

D'ailleurs dans toute loi les articles doivent s'expliquer et se compléter les uns par les autres. Or, sans l'interprétation que nous donnons à l'article 69, comment expliquer les articles 7 et 5 de la même charte.

« Art. 7. Les Français ont le droit de publier
« et de faire imprimer leurs opinions en se
« conformant aux lois. »

Tout le monde convient qu'il ne s'agit ici de lois ni restrictives, ni préventives [1], surtout en

---

[1] La loi du 18 juillet 1828, confirmée par celles du 14 décembre 1830 et du 8 avril 1831, porte : Art. 1er « Tout
« Français majeur jouissant des droits civils, pourra,
« sans autorisation préalable, publier un journal ou écrit
» périodique, *etc.* »

ce qui regarde la manifestation de ses opinions faite autrement que par la presse.

La liberté de *publier* ses opinions est parmi nous complète, absolue, sans aucune entrave antécédente. Mais, *enseigner* en public ou en particulier, n'est-ce pas manifester ses opinions, c'est-à-dire ses idées, ses convictions, ses croyances, ses sentiments, toutes choses identiques aux yeux de la loi? Comment donc l'article 7, dont le sens est évidemment illimité, serait-il vrai dans toute son acception, comme il doit l'être, si l'enseignement n'était pas libre? Quoi! vous me dites d'une manière absolue et sans exception aucune, que j'ai le droit de publier mes opinions, et parce que je donne à cette publication la forme de l'enseignement, vous dites que mon droit ne va pas jusque là! Quoi! je puis *faire imprimer* mes opinions[1], je puis les *publier* et je ne puis pas les énoncer par la parole, dès que je suis assis dans une chaire de professeur! Il m'est permis de me servir de la presse ou de toute autre voie pour inonder la France entière de mes idées, et je ne pourrais les communiquer dans l'intérieur de ma maison à dix personnes réunies! En vertu

---

[1] On conçoit très-bien que l'enseignement eût pu être excepté de la liberté donnée de publier ses opinions, mais il ne l'a pas été, et cela suffit à notre preuve.

du droit de publier mes opinions, je puis écrire,
tant qu'il me plaira sur la religion, sur la politique, sur la philosophie, sur toutes les matières
les plus graves et les plus épineuses; je puis
prendre tous les moyens qui pourront me
convenir pour propager la lecture de mes écrits,
la communication de mes pensées, et vous voulez qu'il soit dans l'esprit de cette même loi de
m'empêcher de donner des leçons de gram-
maire et d'arithmétique? Vraiment nous croi-
rions faire injure à l'intelligence de nos lecteurs
en réfutant plus au long des contradictions si
peu soutenables [1]. Poursuivons donc.

« Art. 5. Chacun professe sa religion avec une

---

[1] M. Chassan, dans son *Traité des délits et contraventions de la parole*, etc., fait une observation qui établit en
faveur de notre thèse un argument *a fortiori*. « L'Écriture
« et la Presse, dit-il, étant des moyens de propagation
« plus prompts que la parole, le mal, s'il y en a un, est
« plus ou moins grand, selon le moyen dont on s'est servi.
« La parole ne s'adresse qu'aux individus; l'écriture
« et la presse s'adressent aux masses. Il n'y a plus pour
« elles ces limites que l'espace oppose à la voix ou au geste.
« Elles vont chercher et remuer la multitude dans les ré-
« gions les plus lointaines. Leur effet n'est pas individuel
« et fugitif, comme celui de la parole, il est général et per-
« manent. » (T. 1er, p. 8.) Nous n'attachons pourtant
à ce raisonnement qu'une importance secondaire, attendu
que chaque moyen de publication a son genre de supé-
riorité.

« égale liberté et obtient pour son culte la même
« protection. »

Être libre de professer sa religion, c'est d'abord
ne pas être contraint de faire ce qui lui est opposé:
c'est ensuite pouvoir faire tout ce qu'elle com-
mande. Or l'un et l'autre est inséparable de la
liberté absolue d'enseignement.

Dans toute religion il est défendu de s'exposer
à la perte de sa foi ou de sa vertu. Tout le monde
sait qu'on s'expose à la perte de sa foi en enten-
dant des discours qui lui sont contraires, surtout quand c'est de la part de ceux qui ont beaucoup d'ascendant sur notre esprit, et à la perte
de sa vertu en fréquentant des personnes qui
ne sont pas vertueuses.

En ce qui concerne la foi, ce précepte négatif
est plus rigoureux dans l'Église catholique que
dans les autres communions, parce que les dogmes y sont plus positifs.

Maintenant comment un enfant pourra-t-il
observer ce précepte si on l'oblige à suivre les
leçons d'un maître qui n'a pas la même religion
que lui, ou qui n'en a aucune, ou qui, dans tous
les cas, professe des doctrines que la religion de
l'élève déclare être de graves erreurs ? Ce raisonnement va devenir plus sensible par un
exemple.

Tel village est en majorité catholique; l'école
communale y est catholique aussi, mais il s'y

trouve dix enfants protestants à qui vous rendez impossible le choix d'un maître de leur communion, et qui, de la sorte, sont obligés d'aller auprès d'un instituteur dont les leçons se trouvent opposées à celles de leur ministre. Pouvez-vous dire que la religion de ces enfants soit libre? Pouvez-vous dire même que celle des jeunes catholiques qui sont, contre le gré de leurs parents, mêlés à de jeunes hérétiques, ne soit pas également froissée de ce mélange? . . . .

Et si cette école offre des dangers pour les mœurs, ou de la part des élèves, ou, quelquefois, hélas! de la part des maîtres, des parents obligés d'y placer ce qu'ils ont de plus cher au monde, ne sont-ils pas violentés dans leur conscience? Et la conscience se sépare-t-elle de la religion?

Que les catholiques, les protestants, les juifs, que les croyants et les impies, que les bons et les méchants se mêlent, s'ils le veulent, les uns aux autres; qu'ils manquent ainsi librement plus ou moins à leur religion; c'est légalement un de leurs droits. Mais la loi constitutionnelle qui, par sa nature, le leur permet toujours, ne doit jamais les y forcer en aucune manière.

On répond que des parents ne sont jamais rigoureusement contraints d'envoyer leurs enfants à tel collége ou à telle école. Mais quand il ne leur est pas possible de les placer au

loin; n'y a-t-il pas pour eux une véritable nécessité de les mettre dans la seule institution
qui est sous leur main; car, puisque vous ne
leur permettez pas d'avoir sur les lieux le maître
qui leur conviendrait, ou vous les contraignez
à les laisser dans l'ignorance, et alors ils ne sont
pas *égaux* aux autres *devant la loi, ils ne sont
pas également admissibles aux emplois civils et
militaires*, dont vous leur fermez l'entrée, ou
vous outragez leur conscience au nom de la loi,
et alors la charte n'a plus pour eux d'article 5.
Et cependant pour que la religion de tous soit
libre et *protégée* devant la loi, il ne suffit pas
que personne ne soit contraint de faire ce qui
lui est opposé : il faut de plus que la loi laisse
chacun libre de faire ce que sa religion lui com-
mande.

Or, puisque la religion et la morale font essentiellement partie de l'éducation; puisque la
croyance et la moralité des maîtres se font nécessairement sentir à la conscience de l'élève,
le choix d'un maître est éminemment un acte
religieux.

Donc, si l'article 5 n'est pas une déception,
l'élève doit pouvoir choisir son maître en toute
liberté, absolument comme il choisit son livre,
et par conséquent celui qu'il a choisi doit avoir
le droit de l'instruire; autrement le maître ne
serait plus pour l'élève qu'un livre fermé, et le

droit que la charte assure à celui-ci serait déri-
soire.

Et ces principes sont d'autant plus incontes-
tables que l'article 5 promet à chacun non-seu-
lement *liberté*, mais *protection* pour son culte ;
en sorte qu'une loi sur l'instruction publique
doit avoir pour but non pas de restreindre, mais
de maintenir, de fortifier, de garantir contre
toute atteinte le droit sacré, promis à chacun,
de se faire instruire selon sa conscience ; tellement que si, par excès de zèle, une autorité
quelconque voulait s'opposer par mesures préventives à une éducation ou privée, ou publique,
comme jamais l'idée d'éducation ne peut se sé-
parer entièrement de l'idée de religion, la loi [1]
serait là pour *protéger* le citoyen contre tout
abus de pouvoir, sauf toujours de la part du
magistrat le recours aux lois répressives, quand
il y a délit, et seulement alors.

Donc la liberté d'enseignement, prise dans sa
plus large acception, est un droit pour tous les
Français. Donc chacun doit pouvoir professer
les lettres et les sciences, comme chacun peut
enseigner un art mécanique, et parler à sa façon.
Or nous répétons que, dans une monarchie
constitutionnelle qui a consacré l'égalité de tous
devant la loi, un droit, et surtout un droit pu-

[1] D'accord avec l'article 3 de la loi du 25 mars 1822.

blic, impose à ceux qui peuvent y satisfaire un inévitable devoir. Donc la liberté d'enseignement est une nécessité.

IV.

Si l'enseignement ne devait pas être libre pour tous, c'est que quelques-uns pourraient s'attribuer le privilège exclusif d'enseigner. Or d'où leur viendrait ce privilège? D'eux-mêmes? Mais « les Français sont égaux devant « la loi, quels que soient d'ailleurs leurs titres « et leur rang. » Art. 1er. Du gouvernement du roi? Mais le roi qui « fait les réglements et « ordonnances pour l'exécution des lois, ne « peut jamais suspendre les lois elles-mêmes, « ni dispenser de leur exécution. » Art. 13.
« Le roi et ses successeurs jurent, à leur « avénement, en présence des chambres réu- « nies, d'observer fidèlement la charte consti- « tutionnelle. » Art. 85.
Sur quoi donc pourrait être légitimement fondé le monopole de l'enseignement? Sur quelque décret de l'empire, ou quelques lois anté- rieures à notre constitution? Mais « toutes les « lois et ordonnances, en ce qu'elles ont de « contraire aux dispositions adoptées pour la « réforme de la charte, ont été et demeurent « annulées et abrogées. » Art. 70. Or, qu'y a-t-il

de plus expressément contraire à la *liberté* que des lois et ordonnances consacrant le *monopole*? Donc ces lois et ordonnances ont été abrogées de plein droit par la charte. Ainsi, lorsque pour justifier le despotisme universitaire, on invoque les décrets de l'empire, c'est comme si on se fondait sur un édit de Charles V pour rétablir les gabelles, ou sur la révocation de l'édit de Nantes pour poursuivre les protestants.

Tout privilège exclusif d'enseigner est donc aujourd'hui essentiellement illégal[1]. Il le serait entre les mains du clergé comme entre celles de tout autre, et nous demandons ici qu'on prenne acte de nos paroles.

V.

Ce monopole peut encore moins appartenir à l'état qu'à des individus.

L'habitude où l'on est de voir l'état en possession de gouverner seul tout l'enseignement public, peut, au premier abord, faire trouver

[1] Nous ferons remarquer de nouveau que par ces paroles et d'autres semblables, nous n'entendons nullement jeter le blâme sur le gouvernement qui a cru devoir maintenir depuis 13 ans l'instruction publique dans une situation provisoire. Qu'on n'oublie pas que nous traitons une question de droit et que nous avons surtout en vue l'avenir.

cette proposition étrange. Cependant la preuve en est facile et nous demandons seulement qu'on la reçoive avec calme.

Les individus qui seraient mis en possession du droit exclusif d'enseigner se trouveraient dans une position illégale, en ce que, contrairement à l'art. 7, ils auraient seuls le pouvoir de *publier leurs opinions* sous la forme de l'instruction publique, et comme ces opinions toucheraient souvent aux croyances, ils auraient seuls, sous le rapport de l'enseignement, le droit *de professer leur religion*; ce que les autres ne pourraient pas faire *avec une égale liberté*. Ce privilège serait certainement et directement contraire à la loi, nous ne saurions trop le dire. Cependant, à la rigueur, son exercice serait matériellement possible, parce que ces individus privilégiés pourraient avoir, sur toutes les branches d'enseignement, des *opinions* arrêtées, et, *en religion*, des croyances positives. Mais il n'en est pas ainsi de l'état dans sa forme constitutionnelle.

Et, pour parler d'abord des croyances, un gouvernement qui protège et qui s'oblige à protéger également toutes les religions ne déclare-t-il pas et ne doit-il pas déclarer que, comme gouvernement, il n'en adopte et n'en professe aucune? Ne l'a-t-on pas réduit à cette condition en retranchant de la constitution *la* religion de l'état. Et si ce mot trop fameux que *la loi doit être athée*, est choquant dans les termes par l'horreur que l'athéisme inspire, n'est-il pas exact au fond, au moins pour la pratique, en ce sens que notre loi civile est essentiellement indifférente aux choses qui n'ont rapport qu'à Dieu ou à son culte.

« Reléguée à jamais aux choses de la terre, a « dit un homme dont on ne récusera pas le té- « moignage [1], la loi humaine ne participe « point aux croyances religieuses; dans sa ca- « pacité temporelle, elle ne les connaît ni ne les « comprend. » C'est sans doute une nécessité de notre système social, nous ne la jugeons pas, nous l'acceptons dans toute son étendue, mais, malgré tout le respect que nous portons à la loi, nous demandons si ce n'est pas là un véritable athéisme?

Maintenant qu'on veuille bien nous dire comment un état qui n'a pas et ne peut pas avoir de religion, appuyé sur une loi nécessairement athée, peut s'attribuer le privilège de l'enseignement? Qu'on veuille bien nous dire comment un état qui ne croit à rien, peut avoir seul le droit d'enseigner ou de faire enseigner les croyances, et comment il est possible de confier à une loi

[1] M. Royer-Collard, (Discours contre la loi du sacrilége.)

athée le privilège public d'une instruction qui doit être, de l'aveu de tous, essentiellement morale et religieuse.

Et ce que nous disons pour la religion, nous pourrions le dire également pour les sciences et notamment pour la philosophie. Obligé de laisser circuler toutes les opinions philosophiques, l'état est radicalement incapable d'en imposer aucune exclusivement aux autres. Aussi, qu'arrive-t-il ? Que chaque professeur est, en philosophie, absolument abandonné à ses systèmes particuliers, et que cette autorité enseignante, qui veut bien s'appeler un corps, professe par ses mille bouches les opinions les plus diamétralement opposées. Étrange hardiesse ! Le monopole dit impérieusement à tous les enfants de la France : Vous viendrez étudier la philosophie dans mes collèges et non ailleurs, sous peine de vous voir fermer toutes les carrières publiques. Par une telle injonction ne donne-t-on pas à penser que la philosophie universitaire est, au moins sous quelque rapport, préférable aux autres, ou tout au moins, ne suppose-t-on pas que cette philosophie a une valeur quelconque ? Mais, pour avoir une valeur quelconque, il faut d'abord exister. Or, voici le point le plus curieux : c'est que la philosophie que l'on impose à la jeunesse française n'existe pas. Non, la philosophie de l'université, c'est-à-dire un corps de doctrines philosophiques adoptées et consacrées par l'université, qu'on puisse appeler un cours de philosophie universitaire, cela n'existe pas. Non, cela n'existe ni imprimé, ni manuscrit, ni en réalité ni même en projet. Non l'université n'a pas de philosophie et elle ne peut pas en avoir, et cependant l'université ose dire à la France : c'est moi seule qui instruirai vos enfants dans la science philosophique.[1] Nous ne voulons rien d'irritant dans cet *examen* et nous éviterons de rappeler quelles ont été les suites de ces prétentions inouies. Nous voyons ce qu'on a promis, nous ne dirons pas ce qu'on a donné; mais nous dirons en passant, que c'est là ce qui rend l'université comme corps insaisissable aux représentations les plus légitimes des évêques dans ses enseignements philosophiques. Un de ses membres a-t-il professé quelque doctrine, matérialiste, sensualiste, panthéiste, etc., les évêques réclament, l'université répond : c'est le fait d'un membre isolé, le corps ne saurait en

[1] Nous savons bien qu'il existe des ouvrages de philosophie approuvés par le conseil royal d'instruction publique; mais nous sommes bien sûr que les professeurs n'en font que l'usage qu'il leur plaît. Si cependant le monopole voulait les rendre obligatoires à l'exclusion de tout autre, alors nous aurions à lui faire d'autres réponses qui lui seraient certainement plus désavantageuses encore et plus pénibles.

être responsable. Un autre professeur nie la ré-
vélation pour l'honneur de la raison humaine !
nouvelles réclamations. A quoi l'université ré-
plique : je ne réponds pas de ces principes, ils
ne sont pas les miens. Et poursuivie ainsi dans
toutes les écoles de son empire où l'on dit qu'on
a blasphémé contre les vérités fondamentales de
toute saine philosophie, elle esquive toujours
vos coups, par cette défaite : ce ne sont pas là
mes doctrines.

Ce ne sont pas là vos doctrines, c'est vrai, car
vous n'en avez aucune et vous ne pouvez pas
en avoir ; mais aussi c'est faux, c'est mille fois
faux, car vous les avez toutes, vous êtes obligé
de les avoir toutes ; toutes ont chez vous un
droit d'asile et de protection. Ainsi, en réalité
et en œuvres, vous êtes un énorme et monst-
rueux panthéisme, où peuvent s'exprimer à la
fois tous les concerts des cieux, tous les blas-
phèmes des enfers et toutes les folies de la terre ;
mais quand on veut vous saisir, vous n'êtes plus
qu'une négation et vous échappez sous la main
comme une ombre.

Or pourquoi l'université en est-elle réduite à
cet état de contradiction et d'impuissance, sinon surtout parce qu'elle est identifiée avec
l'état. Toutes les universités du monde ont toujours eu leurs doctrines positives, définies,
avouées et connues. L'université de France,

surtout depuis treize ans, n'en a aucune d'arrêtée ; et ce n'est le fait ni des ministres, ni des chambres : c'est le résultat nécessaire de sa position, c'est qu'elle est l'organe de notre gouvernement constitutionnel.

Est-il bien clair maintenant que le privilège exclusif d'instruire connu sous le nom de monopole, ce privilège qui ne peut être possédé par personne, ne peut surtout pas appartenir à l'État. Nous ne craignons pas de le dire : le gouvernement est, en droit, moins habile à posséder le monopole de l'instruction publique que le moindre citoyen. Si cette conséquence paraît exagérée ; qu'on veuille bien réfuter le raisonnement d'où elle est déduite.

Il nous semble que notre démonstration est péremptoire ; elle se résume en peu de mots :

La liberté d'enseignement est une nécessité parce qu'elle est un droit.

Elle est un droit parce qu'elle est formellement promise par la charte.

Parce que sans elle les art. 5 et 7 de la charte seraient des inconséquences,

Parce que nul ne peut avoir exclusivement le privilège d'enseigner.

Parce que ce monopole ne peut surtout pas appartenir à l'État.

VI.

Faut-il répondre ici à une question qu'il est permis de regarder comme un outrage, mais qui n'en a pas moins été faite. On nous a demandé si vraiment nous croyions qu'il fallût prendre la charte au sérieux, et s'il convenait à notre caractère d'invoquer une pièce rédigée dans des circonstances où la religion était tout-à-fait à l'écart.

D'abord, c'est précisément parce que ce pacte social a été conçu et scellé sans aucune intervention possible de notre part, que nous sommes, en l'invoquant, moins suspects de nous rechercher nous-mêmes. On le sait bien, la charte du 7 août a été votée, signée, consacrée, à une époque où l'on brisait les croix, où l'on pillait les maisons des évêques, où la robe du prêtre ne pouvait sans danger paraître dans les rues de la capitale. Cette charte ne peut donc pas être soupçonnée d'avoir reçu l'influence cléricale; il y a donc quelque loyauté de notre part à nous appuyer sur elle.

D'ailleurs, quelles qu'aient été les circonstances où elle est née, elle n'en est pas moins devenue la loi fondamentale, la loi suprême du pays, la seule sur laquelle toutes nos autres lois reposent tellement que, par le seul fait de son

existence, elle annule toutes les dispositions lé-
gislatives qui lui sont contraires. Et quand on
se rappelle qu'elle a été sanctionnée par les serments solennels de plusieurs millions de Français, précisément de ceux qui occupent les
places les plus éminentes, et dans l'armée, et
dans la magistrature, et dans l'administration,
et même dans l'Église, qui oserait dire qu'elle
n'est pas devenue et pour la société et pour
l'État un objet inviolable?

Nous savons bien qu'on a plaisanté sur les
serments, on les a représentés comme des formules sans portée et presque dérisoires. Horri-
ble et lamentable plaisanterie ! On n'a pas craint
de nous adresser à nous-même cette question
immorale : Qu'est-ce aujourd'hui que le serment? Hommes sans foi, aujourd'hui, comme
toujours, le serment est la formule la plus sacrée,
le lien le plus indissoluble, l'engagement le plus
redoutable qui, dans l'ordre naturel, puisse
exister sur la terre. Les jurisconsultes, d'accord
avec les canonistes et les théologiens, nous
disent que c'est l'attestation du nom adorable
de Dieu, *divini nominis attestatio.* Celui qui fait
un serment appelle la Divinité même pour être
le témoin et le garant de sa personne. En vain
les lois, les constitutions et la société changent,
la nature du serment ne change jamais, et l'objet dans lequel on le fait intervenir, dès lors

qu'il n'est pas frivole, n'ôte rien ni à son importance ni à sa sainteté.

Cependant il est des serments auxquels leur solennité concilie plus particulièrement nos respects; tels sont les serments des princes et des peuples dans les affaires publiques, surtout quand il s'agit de créer ou d'établir les constitutions nationales d'un pays.

Lorsque dans une circonstance si solennelle et si décisive le serment sort de la bouche d'un prince en présence de trente-trois millions d'hommes qui lui envoient ensuite les députés de leurs provinces et de leurs villes pour échanger avec lui leurs engagements en présence de toutes les nations du monde, témoins de ce contrat synallagmatique, en présence de l'histoire qui le proclamera certainement dans tous les siècles futurs, en présence surtout de Dieu lui-même, invoqué comme caution qui l'enregistre au livre de ses justices éternelles, alors la terre et le ciel sont attentifs et il se fait une grande époque dans la vie des générations humaines. Or à quelque opinion qu'on appartienne, il est impossible de ne pas reconnaître que c'est ainsi qu'a été consacrée la charte qui règne aujourd'hui sur la France. Comment donc se rencontre-t-il des hommes qui osent dire et aux législateurs et aux peuples que ce sont là de pures formalités et qu'on peut n'en tenir aucun compte. O vous qui vous jouez du parjure, flatteurs imprudents ou des peuples ou des princes, dites-nous donc alors sur quel sol nous marchons, montrez-nous donc sur quelle première pierre repose aujourd'hui notre édi-fice social et voyez si vous ne nous conduisez pas à l'abîme.

Ah! si le jeune prince dont le père en mou-rant a laissé dans la France tant de vide et tant de deuil, doit un jour monter sur le trône, que Dieu le préserve du souffle empoisonné de ces maximes impies, mais que plutôt il apprenne et des divins oracles et des exemples de son illustre aïeul que c'est la justice seule qui fait la gloire des nations et la stabilité des trônes, *justitia elerat gentens* (prov. XIV, 34) *et firmabitur justitia tronm ejus* (prov. XXV, 3).

Loin donc d'avoir dérogé à notre position sous quelque côté qu'on l'envisage, nous pensons avoir fait une chose en soi noble et sainte en demandant l'exécution entière de la charte à tous ceux qui ont fait serment de lui obéir.

VII.

À cette démonstration directe nous pourrions ajouter une considération qui prouve indirec-tement mais invinciblement la nécessité de la liberté que nous réclamons, c'est l'impossibilité

où l'on est de faire une loi sur l'instruction publique en dehors de ce principe. Nos législateurs
n'ont-ils pas déjà senti leur impuissance sur ce
point. Sans parler de tant d'essais qui ont été
rédigés, raturés, élaborés et toujours abandon-
nés dans les cabinets ministériels, deux fois, en
présence de la patrie impatiente et de l'Europe
attentive, nos législateurs se sont mis à l'œuvre
pour nous donner une loi sur l'instruction
publique, et deux fois leur œuvre inachevée est
tombée solennellement de leurs mains. N'est-ce
pas là un fait significatif? N'est-il pas étrange
que, même avec le secours de la haute intelligence qui préside aux destinées de la France,
tous les ministres depuis 13 ans aient échoué
devant cette entreprise? Pourquoi donc ayant
fait des lois sur tout, même sur des points qui
n'étaient ni promis, ni urgents, on n'a pas pu
en faire une sur celui qui nous occupe? Ah!
c'est que toujours on a voulu la faire en opposi-
tion avec le droit public; c'est que tous nos
hommes d'état, quels qu'ils soient, sont, malgré
eux, imbus des principes de la liberté constitutionnelle, et qu'ils ont voulu jusqu'ici asseoir
sur cette liberté une loi impériale; et alors
quand ils ont tenté de rapprocher ces deux élé-
ments, il y a eu répulsion et il a fallu renoncer à
la tâche.

Et bien il en serait de même aujourd'hui, où

plutôt aujourd'hui la répulsion serait plus vio-
lente encore, parce que la question commence
à être mieux comprise. On nous assure que le
ministère réunit en ce moment tout ce qu'il a
de lumières et de ressources pour pouvoir présenter aux chambres un nouveau projet : nous
ne savons aucunement dans quel sens ce projet
peut être rédigé, mais voici ce dont nous sommes
sûr : si ce projet n'est pas franchement établi
sur le vrai principe de la liberté d'enseignement,
il se réduira toujours à deux mots : PRIVILÉGE ET
OPPRESSION. Relisez-le, vous qui l'avez entre les
mains, auteurs, rédacteurs, ou copistes de ce
nouvel essai du monopole, relisez-en chaque
phrase, et dites s'il y en a une seule que l'on ne
puisse qualifier par l'une ou par l'autre de ces
paroles : PRIVILÉGE, OPPRESSION.

Or sachez-le donc, puisque c'est vous-mêmes
qui l'avez voulu ainsi : dans le langage du gouvernement, ces deux mots ne sont plus français. Le *privilège* rendrait odieux tous ceux qui
en jouiraient, et mécontents tous ceux qui en
seraient privés. L'*oppression* vous ferait autant
d'ennemis qu'il y aurait d'hommes qui en souffri-
raient. Veut-on connaître toute notre pensée,
veut-on savoir ce que signifieraient et surtout ce
qu'annonceraient dans une loi sur l'instruction
publique ces deux mots inconstitutionnels : *privilège* et *oppression?* Ils signifieraient la guerre,
ils annonceraient la ruine.

Nous pourrions en rester là, car nos preuves, de ce côté, sont complètes; mais comme aujourd'hui l'intérêt n'est pas moins puissant sur les hommes que le droit, nous allons répondre aux objections que l'on pourrait nous faire.

VIII.

Quoi, nous dit-on, vous voulez que le gouvernement ne s'occupe pas de l'instruction publique qui exerce une si grande influence sur la société! Nous voulons que le gouvernement s'occupe de l'instruction publique, comme il s'occupe de beaucoup d'autres intérêts sociaux. L'instruction publique n'est pas la seule puissance qui influe sur la société. L'industrie et le commerce, par exemple, ont assurément bien aussi leur influence active, continuelle et toujours croissante. Le gouvernement ne reste pas étranger aux mouvements du commerce ni aux progrès de l'industrie; mais il se garde bien d'en gêner le libre essor, surtout dans l'intérieur de la France. Sans doute il est souvent obligé d'y intervenir à cause des intérêts divers qui se trouvent en présence, et entre lesquels il est seul arbitre. Sans doute encore il y réprime les abus et les délits, mais seulement quand ces délits ou ces abus ont été commis. C'est ainsi que par une loi récente on a réglé le travail des enfants dans les manufactures, parce que le législateur avait reconnu que certains maîtres abusant de leur autorité, compromettaient gravement le développement physique, intellectuel et moral des enfants employés dans leurs ateliers. En cela le gouvernement a rempli un de ses plus impérieux devoirs. Il est le défenseur des droits méconnus, et quand un enfant est, comme dans le cas dont nous parlons, violemment privé de l'usage des droits qu'il a reçus de la religion et de la nature, c'est à la puissance publique à l'y rétablir; et c'est ainsi qu'il en devra être dès-lors qu'un chef d'institution quelconque ferait un usage coupable de sa position. Il y a en France la police pour le signaler et les tribunaux pour le punir. Rien n'empêchera même qu'aux moyens ordinaires de surveillance le gouvernement n'ajoute des inspecteurs spéciaux pour les établissements qui ne lui offriraient pas d'ailleurs des garanties suffisantes [1].

Mais qui a jamais pensé à limiter d'avance le nombre des ateliers et des usines? Et cependant c'est bien là que s'exerce presque toujours, surtout sur les enfants, une influence, hélas! déplorable, délétère et destructive de tout bien.

[1] On admettra sans doute volontiers que les séminaires placés sous la direction exclusive des évêques offrent ces garanties.

C'est là que toute vertu se flétrit dans sa fleur, que toute force s'épuise avant d'être développée. C'est là que les populations dégénèrent et dépérissent rapidement au point de ne pouvoir plus suffire aux besoins publics [1]. Cependant le gouvernement laisse s'agglomérer les enfants aussi bien que les hommes faits dans ces innombrables ateliers qui couvrent la surface de la France. On sait que ces graves inconvénients des manufactures ne se rencontrent jamais, au moins au même degré, dans les maisons d'éducation. Pourquoi donc cette différence entre l'enseignement et l'industrie? Pourquoi ne pourrait-on pas réunir des enfants en tel nombre que l'on voudra pour les instruire, quand on le peut pour les faire travailler dans une manufacture? Est-ce parce que la liberté est spécialement promise à l'enseignement par le pacte social, tandis qu'elle ne l'est pas de même à l'industrie? Est-ce parce que l'intelligence des enfants se développe dans une classe d'humanités et qu'elle s'abrutit dans une usine? Est-ce enfin parce que les pères de famille s'inquièteront toujours de la moralité d'un instituteur, tandis que trop souvent ils

_____

[1] On sait que souvent dans les villes manufacturières, l'état rachitique ou maladif des jeunes gens, ne permet pas d'y atteindre le chiffre fixé par la loi du recrutement.

sont indifférents à celle d'un chef d'atelier? Nous le demandons. Pourquoi donc le gouvernement, qui se contente d'un droit de surveillance là où il y a presque toujours un vice radical contraire aux intérêts de l'enfance, et par suite à ceux de l'état, ne s'en contenterait-il pas là où il est toujours à présumer que le bien s'opère?

IX.

Et que l'on ne croie pas qu'il faille créer une législation nouvelle pour la répression des délits commis dans des écoles, institutions et colléges.

Il ne faut rien de nouveau, puisque les écoles doivent rentrer dans le droit commun des établissements publics; puisqu'on ne doit y poursuivre que les délits, tels qu'ils sont définis par la loi : il suffit de leur appliquer la législation existante sur les délits de la parole. Est-ce que cette législation n'est pas assez complète? Avant d'y jeter un coup d'œil, faisons d'abord deux observations.

1° Le lieu où se tient une école même privée est dans le sens de cette législation un lieu public tout aussi bien qu'un tribunal, un musée, un cabinet de lecture, etc. « Les lieux publics, « dit un jurisconsulte, sont ceux qui sont ouverts « à tout le monde, soit gratuitement, soit moyen-

« nant rétribution, ou certaines conditions d'ad-
« missibilité[1]. »

2° L'état ayant naturellement droit de surveillance sur les lieux publics peut exiger qu'aucune école ne soit ouverte sans une déclaration
préalable. Il peut, il doit même surveiller ce qui
s'y passe et s'en faire rendre compte. Il peut donc
y faire examiner les livres, y interroger les enfants..., dans le but de savoir s'il ne s'y commet
rien de contraire aux intérêts de la société. Voilà
son droit, et, s'il n'en usait pas, il manquerait à
un de ses plus saints devoirs; mais aussi, en fait
de répression voilà tout son droit; et, s'il allait
au-delà, il y aurait gêne inconstitutionnelle pour
les opinions et oppression pour les consciences.

Maintenant s'il rencontrait quelque délit commis dans une école, la législation lui ferait-elle
défaut pour le réprimer?

Parcourons-la.

L'art. 1er de la loi du 16 mai 1819, porte : «Quiconque,
« soit par des *discours*, des cris ou des menaces proférés
« dans des *lieux* ou *réunions publics*, soit par des *écrits*, des
« imprimés, des *dessins*, des gravures, des peintures ou
« emblèmes vendus ou *distribués*, mis en vente ou *exposés*
« dans *des lieux* ou *des réunions* publics, soit par des pla-
« cards ou affiches exposés au regard du public, aura..*etc.*

Cet art. en tant qu'il énumère et définit les divers moyens

[1] *Traité des délits et contraventions de la parole*, par
M. Chassan, avoc. gén., 1re partie, liv. I, chap. 2.

par lesquels se commettent les délits de la parole, paraît
être la base de toute la législation sur la matière. Son
application particulière est ensuite déterminée par les
articles suivants, puis par les lois des 25 mars 1822, 29
novembre 1830, 9 septembre 1835 et par quelques articles du Code. Or, de toutes ces lois combinées, il résulte
que les délits commis dans une école, seraient punissa-
bles ainsi qu'il suit:

1° La provocation à la désobéissance aux lois punie
d'un emprisonnement de trois jours à deux ans et d'une
amende de 30 fr. à 4,000 fr.

2° L'outrage à la morale publique et religieuse, ou aux
bonnes mœurs, ou à la sainteté du serment, puni d'un
emprisonnement d'un mois à un an et d'une amende de
16 fr. à 500 fr.

3° L'attaque contre la dignité royale, l'ordre de succes-
sibilité au trône, les droits que le roi tient du vœu de la
nation, etc., punie d'un emprisonnement de trois mois à
cinq ans et d'une amende de 400 fr. à 600 fr., de 300 fr.
à 6,000 fr., et de 10,000 francs à 50,000 fr. selon les cas,

4° L'excitation à la haine et au mépris du gouverment
du roi, punie d'un emprisonnement d'un an à quatre
et d'une amende de 150 fr. à 50,000 fr.

5° L'adhésion à une autre forme de gouvernement, punie d'un emprisonnement de trois mois à cinq ans et d'un
amende de 300 fr. à 6,000.

6° L'outrage fait à un membre de l'une des deux chambres ou à un fonctionnaire public, puni d'un emprisonnement de quinze jours à deux ans et d'une amende de
100 fr. à 4,000 fr.

C'est dans cette proportion que sont punies les offenses envers les chambres elles-mêmes ou l'une d'elles, envers les membres de la famille royale, envers la personne des souverains étrangers, etc.

Toutes ces peines sont applicables à tous les collèges, institutions, pensions, écoles, etc.

Maintenant nous demandons ce que le gouvernement pourrait avoir à redouter de l'enseignement public, lorsqu'il peut la surveiller partout, et qu'il est armé d'une telle législation contre ses abus.

On sait assez que plusieurs ont trouvé cette législation excessive dans quelques points. Nous n'en sommes pas à cette question; nous acceptons ce code pénal dans son entier; nous consentons même à ce qu'on soumette les écoles publiques à d'autres mesures de surveillance, à d'autres moyens de répression, si on les juge nécessaires. Qu'ainsi le gouvernement ait toutes ses sûretés, comme il doit les avoir, mais aussi qu'en retour nous ayions la liberté qui nous est due.

X.

Nous savons bien ce qu'on va nous dire : que les lois qui atteignent les délits sont insuffisantes pour réprimer tous les torts que peut avoir dans ses fonctions un homme chargé de l'enseignement public, et que ce système de liberté ne fera spécialement que rendre les instituteurs primaires plus indépendants et plus audacieux.

Nous répondons avec certitude qu'il en arrivera tout le contraire.

Ce qui donne aux instituteurs une indépendance en effet fort déplorable, ce n'est pas du tout l'insuffisance des lois, c'est uniquement le monopole universitaire, par l'importance excessive qu'il leur attribue et surtout par cette espèce d'inamovibilité dans laquelle il les a constitués, en exigeant que dans ce qui concerne leur charge, il y eût toujours recours à une décision ministérielle pour juger des questions qu'il est impossible d'apprécier exactement autre part que sur les lieux mêmes.

Ce qu'il faut pour réprimer efficacement les torts, autres que les délits, de ceux qui sont chargés de l'éducation, pour les maintenir dans l'accomplissement de leurs devoirs, ce n'est pas de les faire dépendre uniquement d'une administration qui leur envoie un inspecteur à peine deux fois par an; c'est surtout de les soumettre habituellement et efficacement au jugement de la *conscience publique*. Qu'on veuille bien ici nous comprendre. Nous ne faisons pas des utopiés, nous prenons nos paroles dans un sens très-précis; nous raisonnons sur des données très-positives.

Posons un fait qui malheureusement se présente tous les jours. Un instituteur mène une conduite équivoque; il fréquente des personnes mal famées; il tient même en classe des propos désavoués par la religion et les bonnes mœurs. Les pères chrétiens s'indignent, les mères gémissent, la jeunesse qu'il élève est indisciplinée et corrompue; mais ce maître est le seul breveté et autorisé pour enseigner dans la commune: il faut bien de gré ou de force lui envoyer ses enfants.

Cependant des plaintes sont adressées au comité supérieur, sinon par le comité local qui ne se réunit pas, sinon par l'administration municipale dont M. l'instituteur est le secrétaire, au moins par la rumeur publique.

Après de longues hésitations le comité supérieur cite l'instituteur à sa barre : mais il faut des faits précis, il faut un corps de délit assez notable pour que la loi le saisisse, et il n'y a qu'un ensemble de conduite bien répréhensible, il est vrai, aux yeux de la conscience chrétienne, mais qui ne suffit pas à une condamnation civile; ou bien il y a en effet des délits bien articulés; mais il faut des témoins qui appuient l'accusation, et ces témoins à charge ne se trouveront pas, parce que la peur leur fermera la bouche. Le maître, au contraire, quelque coupable qu'il soit, aura pour sa décharge tous ceux qui partagent sa manière de penser et d'agir, c'est-à-dire les hommes méchants et dépravés du lieu. Ce ne seront pas, à beaucoup près, les plus nombreux, mais ce seront les plus hardis, les seuls peut-être qui oseront parler. Alors l'instituteur se déclare calomnié et demande fièrement comment on pourrait le condamner sans preuve. Les preuves matérielles manquent, en effet, et il est renvoyé absous après une réprimande dont il se rit en lui-même, dont il se rira bientôt en public; et il continue à fréquenter les lieux de débauche, à braver par ses sarcasmes la religion et ses ministres, à démoraliser le pays en lui formant des générations sans foi et sans retenue[1].

Or, maintenant nous le demandons : si, au lieu d'en être réduit à cette longue et impuissante procédure, qui presque toujours amène dans la contrée des haines et des divisions sans fin, on abandonnait aussi, comme cela devrait

[1] Nous n'avons pas fait l'inspection générale des écoles primaires de France; mais en prenant pour base ce que nous en connaissons, il y aurait certainement plus de dix mille communes catholiques qui seraient plus ou moins dans cet état de souffrance.

être, le jugement de cet homme à la conscience publique; si, comme le demandent de concert et la nature et la charte, on laissait les familles libres de préférer à ce mercenaire indigne un instituteur d'une conduite à l'abri de tout reproche et même de tout soupçon, pense-t-on que nos maîtres d'école seraient aussi intraitables; et ne voit-on pas que leur inamovibilité qui tomberait de droit devant la liberté d'enseignement telle que nous la demandons pour tous, s'évanouirait de fait devant la concurrence du mérite et de la vertu?

Nous le répétons, la loi, et surtout une loi sur l'instruction, sur l'éducation, a besoin d'être soutenue et complétée par la morale publique; c'est-à-dire par ce sentiment du bien qui fait que, dans des déterminations importantes, les familles, abandonnées à elles-mêmes, sont toujours en majorité du côté du vrai mérite. Or, il est évident que dans l'organisation actuelle de l'enseignement, le concours de la morale publique, telle que nous l'entendons ici, est violemment repoussé.

Ainsi, loin que la liberté d'enseignement augmente l'indépendance des instituteurs, elle la réduit à de justes mesures; car elle détruit de plein droit leur fatale inamovibilité, et les met, ainsi que tous les autres chefs d'institution, sous la surveillance immédiate et sous la patronage continuel des familles dont ils doivent mériter la confiance.

Et qu'on ne vienne pas nous objecter, qu'avec la liberté d'enseignement, nous au-rions bientôt des écoles d'athéisme, de pan-théisme, etc. Nous répondons que, si quelqu'un osait ouvrir une pareille école, elle resterait déserte, surtout avec la libre concurrence des institutions morales. Qu'on le sache bien, les familles laissées à leur propre conscience ne voudront jamais d'une éducation ouvertement irréligieuse et immorale. Et la France, même au jour de ses délires, n'en a-t-elle pas donné une preuve éclatante? Pendant dix ans des écoles de cette nature furent ouvertes et long-temps ouvertes seules. Eh bien! entendez ce qu'après ces années de terreur Portalis procla-mait au corps législatif le 15 germinal an x.

« Écoutons, dit-il, la voix de tous les citoyens
« honnêtes qui dans les assemblées départe-
« mentales ont exprimé leurs vœux sur ce qui
« se passe depuis dix ans sous leurs yeux.

« Analyse des procès-verbaux des conseils-
« généraux des départements.

« Il est temps que les théories se taisent devant
« les faits. Point d'instruction sans éducation,
« et point d'éducation sans morale et religion.
« Les professeurs ONT ENSEIGNÉ DANS LE DÉSERT,
« parce qu'on a proclamé imprudemment qu'il

« ne fallait point parler de religion dans les
« écoles. L'instruction est NULLE depuis dix ans :
« il faut prendre la religion pour base de l'édu-
« cation. » Or, si dans les temps les plus athées
que la France ait jamais subis, les professeurs
d'athéisme *ont prêché dans le désert*, peut-on
supposer qu'ils seraient suivis de nos jours,
surtout en présence d'autres professeurs enseig-
gnant la vérité et la vertu? D'ailleurs, la liberté
d'enseignement n'est pas chose nouvelle. Elle a
eu lieu en d'autres temps, elle a lieu encore en
d'autres contrées. Quand est-ce qu'elle a produit des écoles publiques d'impiété? Quand
est-ce surtout que ces écoles ont été suivies?
Aujourd'hui même , que l'on parcourt les pays
où l'instruction est libre, la Belgique, par exemple, et les États-Unis, et que l'on nous y montre
un seul établissement de cette nature. Nous le
redirons, nous le redirons bien haut, l'impiété
sera d'autant moins libre que l'enseignement le
sera davantage : et les impies le savent bien,
car tout libéraux qu'ils se disent, ce ne sont pas
eux qui demandent la liberté d'enseignement.
Cette supposition qu'on jette comme un épou-
vantail aux yeux des hommes de bien, n'est
donc qu'un vain fantôme, c'est le contraire qui
est vrai.

XI.

Mais comment veut-on que le pouvoir laisse tomber de ses mains l'arme terrible du monopole?

Nous pourrions répondre d'abord avec quelque confiance : le pouvoir le fera, s'il le doit.

Nous pourrions faire voir aussi combien cette arme peut, en effet, devenir *terrible*, pour tous les partis et combien pour cela même, il importe de la briser par la libre concurrence.

Mais, pour cette fois nous nous contenterons de montrer que cette arme serait surtout meurtrière pour celui qui la porte, et que le pouvoir s'abuse étrangement quand il croit se donner une force réelle par le monopole de l'enseignement.

Sans doute il y a quelque chose de spécieux et de flatteur dans ce droit d'enrégimenter sous une même discipline quelques millions d'enfants, de décider soi-même souverainement des alphabets, des grammaires, des traités d'arithmétique dont ils doivent tous se servir; puis d'avoir à sa solde quelques milliers de fonctionnaires qui commandent à cette petite armée, mais personne n'osera dire que c'est là précisément ce qui donne de la force à l'autorité. Ce despotisme militaire exercé sur le premier âge, ne pourrait être utile au pouvoir qu'autant qu'il lui rendrait pour plus tard le gouvernement plus facile et plus sûr en lui formant des citoyens plus vertueux et des sujets plus dévoués.

Or, nous ne craignons pas d'affirmer que le monopole universitaire ne fait ni l'un ni l'autre, et qu'il produit précisément des effets tout opposés.

XII.

Pour former les hommes à la vertu il faut nécessairement des convictions morales et religieuses, et pour établir des convictions, il faut des doctrines. Or, nous avons vu que l'état, à la tête de l'instruction publique, est impuissant à professer nettement aucune doctrine, ou philosophique ou religieuse, parce qu'à ses yeux une doctrine quelconque n'est et ne peut être qu'une opinion, et que, devant lui et devant la loi, toute opinion est parfaitement libre.

Un des fondateurs de l'Université, Darú, demandait pour les lycées une religion de formes, *une religion purement politique* placée sous la direction et la férule du gouvernement. « Il ne « faut pas, disait-il, que le législateur permette « que l'instruction religieuse s'introduise dans « l'instruction publique ; IL FAUT QU'IL L'Y AP- « PELLE POUR LA DIRIGER ET LA SURVEILLER. » Les

chefs actuels de l'université ne voudraient pas
tenir ouvertement le même langage; mais il est
impossible qu'ils n'aient pas le même système.
Ils sentent qu'ils ont besoin de la religion, de sa
morale et même de ses dogmes, et ils *l'appellent*
à leur secours. Mais à cet appel le judaïsme,
le luthéranisme, le calvinisme, etc., se pré-
sentent en même temps que le catholicisme; et
quoique sur beaucoup de points, ils se repoussent
les uns les autres, ils ont pourtant droit de se
présenter ensemble. Quel parti prendre pour
les tenir unis? Il n'y en a qu'un, c'est de retran-
cher de chacune de ces croyances ce qui est
antipathique avec les autres, et de leur donner
à toutes une espèce de formule de religion na-
turelle, en livrant, d'ailleurs, tous leurs dogmes
à l'indifférence, au doute, etc. Mais qu'est-ce
que cette opération éclectique, sinon la ruine
de toutes les croyances [1]? Nous savons bien que

---

[1] Qu'on ne croie pas que nous parlions ici contre la tolérance; car elle est tout-à-fait l'opposé du monopole. La
tolérance laisse chacun libre de se faire des convictions à
son gré et de s'attacher à la vérité tout entière; et c'est
précisément ce que nous demandons au nom de la
charte constitutionnelle. Le monopole au contraire froisse
toutes les convictions individuelles et brise toutes les vérités spéciales pour en former violemment et contre nature une monstrueuse unité; et c'est ce que nous repous-
sons comme absurde et immoral.

l'on déguise tant que l'on peut cette fausse position faite au corps enseignant, en ayant ensuite, dans le détail, certaines formules particulières toutes prêtes à l'usage des catholiques,
des protestants et des autres : mais il n'en est
pas moins vrai que tous les membres de l'université sont, en tant qu'universitaires, condam-
nés à une indifférence pratique et matérielle
pour toutes les croyances religieuses. Or, vous
voulez qu'une pratique habituelle et continuelle

Au reste, on sait que cette prétention de réunir toutes
les religions en une seule a, récemment encore, été érigée
en système par nos idéologues. Mais il s'en faut bien
qu'ils aient eu en cela le mérite de l'invention. Ils n'ont
fait que renouveler en termes nébuleux la motion beaucoup plus nette, présentée au Directoire par Leclerc
(de Maine-et-Loire), le 9 fructidor an V. Ce révolu-
tionnaire demandait « l'établissement d'une religion fon-
« damentale qui, se rattachant à tous les autres cultes, et
« les ramenant à elle par la vérité et la clarté de ses dog-
« mes, ou plutôt de ses principes pris dans la reconnais-
« sance de l'Être-Suprême, de l'immortalité de l'âme, de
« la certitude d'une vie à venir, les contiendrait tous et
« les empêcherait de s'écarter des maximes de la sociabilité.
« Les prêtres de ce culte devaient être les officiers civils. »
Le directoire repoussa ce beau plan, par la raison que la
constitution défendait de faire une religion dominante.
MM. Michelet et Quinet n'auront sans doute pas aperçu
cette difficulté ; il est vrai que ce n'est pas la plus sérieuse.

ne réagisse pas sur les convictions elles-mêmes?
Vous voulez que les élèves ne s'aperçoivent pas
de vos contradictions et ne se ressentent pas de
votre indifférence? Mais ce serait vouloir nous
persuader que le maître est libre de n'avoir
point sur son élève l'influence de sa manière
d'être, et que la pénétration des élèves sur les
actions de leurs maîtres est toujours en défaut.

Donc, par cela seul, le monopole enseigne,
malgré lui, et propage l'indifférence pour toutes
les religions, comme pour tous les systèmes.
Donc il est, par sa nature, destructeur de toutes
les croyances; et s'il est vrai qu'il n'y a pas de
vertu sans conscience, ni de conscience sans
convictions, nous demandons au pouvoir si le
monopole est, plus que la liberté, propre à lui
former des citoyens vertueux. Libre à lui, après
cela de vouloir commander un jour à des
peuples sans foi.

Nous évitons, autant que nous le pouvons,
d'entrer dans le domaine des faits, et parce que
d'autres l'ont parcouru, et toujours de crainte
de rendre cet examen irritant. Toutefois nous
nous permettrons ici de demander si la portion
de la société où l'on croit le moins et où l'on
pratique le moins sa religion, n'a pas été élevée
par l'université?

XIII.

Mais, dit-on, par la direction suprême de l'enseignement, le gouvernement se formera toujours des sujets plus dévoués.

Imprudents ! vous affaiblissez la vertu, et vous croyez pouvoir fortifier le dévouement? Il faut donc vous rappeler qu'en dehors de la conscience le dévouement ne peut plus avoir pour base que l'égoïsme [1].

D'ailleurs le plus sûr moyen d'avoir un peuple dévoué, c'est de reconnaître et de respecter ses droits : c'est là surtout ce qui agit puissamment sur la partie la plus intelligente et la plus saine de la nation; et si ce principe est vrai partout, il l'est surtout en France : et si toujours le Français a voulu avoir ses franchises, c'est surtout aujourd'hui que la liberté est la première base de la constitution elle-même. Particularisons cette pensée pour la rendre plus sensible.

Une partie nombreuse de la société que le

[1] La restauration favorisa l'université autant et plus peut-être que le gouvernement actuel : cependant ce sont les élèves et les membres de l'université qui ont le plus contribué à son renversement. Quelle leçon !

gouvernement veut certainement et qu'il doit
en effet vouloir s'attacher, non par des privilèges, mais par la justice, c'est celle qui se compose des vrais chrétiens ayant le clergé à leur
tête. Les chrétiens attachés à leur foi, sur des
questions qui touchent de si près aux intérêts religieux, penseront toujours comme le clergé, du
moins en grande majorité. Or, à cette heure, le
clergé ne fait plus généralement qu'une objection sérieuse au pouvoir, c'est celle qu'il tire du
monopole universitaire. Qu'on veuille bien
nous permettre de nous expliquer.

Les prêtres que leur éducation, leurs rela-
tions, hélas! et leurs souffrances avaient attachés
à l'ancien ordre de choses deviennent plus
rares tous les jours; ou bien, par suite de leur
âge, de leur retraite, de leur isolement, ils
perdent peu à peu toute leur influence. Un nouveau clergé s'élève et se répand, étranger aux
révolutions, acceptant sans regret et sans point
de comparaison les faits accomplis, compre-
nant mieux peut-être l'état social actuel, mais
aussi par cela même sentant plus vivement le
besoin de la pleine liberté de son ministère. Il
n'a pas, et il ne désire pas les avantages du
clergé d'autrefois; mais aussi il ne veut pas de
nouvelles entraves. Or il voit dans le monopole
une entrave dont l'ancien clergé n'avait pas à souf-
frir, malgré la facilité qu'avait alors le pouvoir

civil d'intervenir dans les questions religieuses
à l'abri de ces mots : *Religion de l'Etat.*

Le clergé d'aujourd'hui, vous dit unanime-
ment : « Nous ne demandons ni richesses, ni
« titres, ni privilèges ; mais nous réclamons au
« nom de la liberté promise, le droit qui nous
« appartient de sauver les peuples du double
« malheur de l'incrédulité et de la dépravation,
« et nous déclarons que le monopole est, sur ce
« point capital, un obstacle injuste à l'exer-
« cice de nos droits. Nous déclarons, qu'avec le
« monopole, malgré tous nos soins, les géné-
« rations adolescentes perdent la foi et les
« mœurs. Nous réclamons donc et nous récla-
« merons sans fin, jusqu'à ce que justice nous
« ait été rendue. »

Qu'on le sache bien, c'est là la pensée la plus
dominante, là conviction la plus intime du
clergé, et cette pensée deviendra toujours plus
distincte, plus vive, plus urgente, à mesure qu'il
se recrutera dans les générations nouvelles, et,
nous le répétons, cette pensée du prêtre, les
bons fidèles la partagent, et eux aussi la com-
prendront toujours de plus en plus. Les familles
surtout, les chefs de famille la partageront avec
ardeur, parce qu'elle tient également à leurs
droits les plus sacrés ; or les sentiments de famille sont, avec les sentiments religieux, les
plus impérissables et les plus invincibles. Et

cette répulsion du monopole sera encore parta-
gée par bien d'autres qui n'ont pas le bonheur
d'obéir à nos pratiques, ni peut-être même de
partager nos croyances. Donc, loin que par le
monopole le pouvoir se prépare des sujets plus
fidèles, il se crée des adversaires nombreux
dont la plupart se trouveront dans les classes les
plus morales et les plus amies de l'ordre. Donc,
loin que le monopole assure la paix à la société,
il y met nécessairement et pour toujours la
guerre.

Non, quoi qu'on en dise, il n'en serait pas
ainsi de la liberté de l'enseignement. N'en avons-
nous pas la preuve chez un peuple voisin? Le
roi des Belges devrait, ce semble, par la dissi-
dence du culte qu'il professe, inspirer de la dé-
fiance et de l'éloignement à cette contrée, si
catholique qu'elle a fait une révolution pour
sauver l'intégrité de sa foi. Cependant c'est un
fait notoire qu'il est peu de princes à qui l'affec-
tion générale de son peuple soit plus complète-
ment acquise, et à qui, par conséquent, le gouvernement soit plus facile : nous savons même
pertinemment que ce prince protestant ne craint
pas de proclamer que les vrais catholiques sont
le plus ferme soutien de son trône. Et nous
avons vu de nos propres yeux qu'il en est ainsi.
Pourquoi cela? C'est que Léopold a toujours
respecté les droits de tous ; c'est qu'il a surtout

respecté, jusqu'au scrupule, la liberté de l'enseignement [1]; c'est qu'il laisse l'université libérale de Bruxelles et l'université catholique de Louvain lutter librement avec l'université de l'état.

Qu'on ne vienne donc pas nous dire, pour justifier le monopole, qu'il faut à la nation une éducation nationale. La vraie éducation nationale et le monopole sont deux choses absolument opposées. L'éducation nationale, telle que doivent la désirer tous les amis du bien public, c'est celle qui donne à la patrie des citoyens plus méritants, et au prince des sujets plus fidèles. Or nous avons prouvé surabondamment que la nature du monopole est d'opérer tout le contraire. Et, ici encore, les faits ne viennent-ils pas à l'appui de nos raisonnements?

Le premier fruit d'une éducation nationale doit être de former dans une nation un esprit national, des sentiments nationaux qui dominent les intérêts privés. Or, où trouver ces sentiments dans la France telle que l'université nous l'a faite? Depuis quarante ans que le monopole est à l'œuvre, qu'a-t-il produit de ce côté? N'est-ce pas aujourd'hui une vérité collossale qu'il n'y a

---

[1] On raconte qu'une personne ayant demandé au roi d Belges la permission de fonder une maison d'éducation : « Vous me demandez là, répondit-il, ce que je ne puis ni vous refuser, ni vous accorder. »

plus d'esprit public, et que l'égoïsme a tout envahi? N'est-ce pas là un cri de douleur et d'effroi
qui sort de toutes les bouches? Et voilà votre
ouvrage à vous qui vous vantez d'avoir fait la
France ce qu'elle est ! Et vous oserez encore
dire que vous avez fait de l'éducation nationale!
Et vous viendrez encore couvrir de ces mots
fantastiques votre désastreuse usurpation ! [1]

XIII.

Nous ne voyons plus d'objection tant soit peu.

[1] Éducation nationale! « Ces mots magiques, dit Fa-
« bry, sont comme une monnaie courante à l'usage de
« tous les faiseurs de plans, depuis 1789 jusqu'à nos
« jours, sans que sa valeur ait jamais été bien déter-
« minée. »
L'auteur le prouve en passant en revue les plans pré-
tendus d'éducation nationale proposés successivement par
Talleyrand, Condorcet, Lepelletier, Robespierre, Laka-
nal, Danton, etc., puis plus tard par Chaptal, Lucien
Bonaparte, etc. « Ainsi, dit à ce propos un écrivain plus
« récent, ces grands mots d'éducation nationale n'ont ja-
« mais signifié qu'une duperie, une mystification sociale.
« En France, comme dans tous les pays où règne le mono-
« pole, ils ne signifieront jamais que la direction politique
« qu'un gouvernement par son chef ou par le ministère,
« imprime à l'éducation dans un besoin de système, soit
« pour opprimer la religion catholique dans l'intérêt d'une
« secte, soit pour seconder des vues ambitieuses. » (*Exp.
des vrais principes sur l'Instr. pub.*, 2 p., chap. 6.)

sérieuse à l'exercice des droits que nous réclamons, à moins qu'on ne vienne nous dire que la
liberté d'enseignement rendrait le clergé trop
fort. Nous concevons à peine que cette observation soit faite par l'université même considérée
comme corps enseignant, car il y a bien quelque chose d'humiliant à tant redouter une
concurrence; mais nous ne concevrions pas
qu'elle jouît de la moindre estime auprès du
pouvoir qui gouverne la France. Il serait bien
aveugle, il serait bien à plaindre, disons-le,
il serait bien coupable l'homme d'état qui,
reconnaissant l'influence d'un corps eminem-
ment civilisateur, aimerait mieux le mettre
contre le gouvernement par l'injustice que pour
lui par la liberté. Cette thèse est facile à déve-
lopper, mais nous répugnons à le faire tant
l'objection nous paraît misérable.

XV.

Nous ne répondons pas non plus à ce qui a
été dit que la liberté d'enseignement ferait tomber la force des études; comme si les études
étaient tombées en Belgique depuis que l'éducation y est libre, comme si, en toutes choses,
le progrès n'était pas le fruit de la libre concurrence. Voyez la France: la littérature y est en-
chaînée par le monopole, et malgré les exigences

excessives des examens pour les grades, la littérature tombé ou plutôt elle est tombée, au point que personne n'y prend plus goût, et que, hors des collèges, les beautés littéraires n'ont plus en elles-mêmes la moindre valeur. Au contraire, rien de plus libre que l'industrie; aussi rien de plus admirablement prospère. C'est l'industrie qui, en ce moment, conduit la France et prépare ses destinées; et si les sciences mathématiques et physiques sont plus cultivées que jamais, ce n'est certainement pas au monopole qu'elles doivent leurs progrès; c'est l'industrie, c'est la liberté de l'industrie qui les fait grandir; et si tant de jeunes gens, même parmi le peuple, s'y livrent avec ardeur, soyez-en sûrs, c'est qu'ils voient au bout de leurs études scolaires l'industrie publique ne distribuant ses faveurs qu'aux plus savants et aux plus habiles. Or n'est-ce pas évidemment encore le résultat de la concurrence et de la liberté? Qu'on essaie de *monopoliser* l'industrie, et l'on verra si l'on favorise ses progrès.

XV.

Ainsi ce sont pour nous deux choses démontrées jusqu'à la dernière évidence.

1° Que la liberté d'enseignement est une

nécessité parce qu'elle est un droit pour tous les Français.

2° Que, vu l'état de notre société, la liberté d'enseignement ne peut, sous tous les rapports, qu'être un bien pour la France.

Maintenant nous ne voyons plus qu'un mot possible, le voici :

« La liberté d'enseignement vous est due, « mais vous ne l'aurez pas, PARCE QUE NOUS NE « LE VOULONS PAS. »

Nous ne savons si quelqu'un osera prononcer ce mot ; mais nous ne pouvons avoir la crainte que la législature le consacre jamais par un vote solennel, autrement nous y verrions en germe la ruine de la société. Il est écrit que celui qui sème l'injustice moissonnera des malheurs. *Qui seminal iniquitatem metet mala.* (PROV. XXII, 8.) L'infraction volontaire, publique et persévérante d'un point essentiel du pacte social serait le sujet légitime d'un mécontentement profond et impérissable pour tous les gens de bien ; il serait en même temps un prétexte de guerre toujours prêt pour tous les ennemis de l'ordre public.

Quoi qu'il en arrive, nous aurons, pour notre part, cherché à conjurer ces malheurs, en apportant notre tribut d'observations dans une question dont tout le monde s'est emparé.

Le serment que nous avons fait nous-même

à la charte, nous autorisait plus particulièrement à demander son entière exécution; et les
liens bien plus sacrés encore, qui nous attachent
à la vraie foi, nous imposaient le devoir de
demander qu'elle ne soit pas plus longtemps
exposée à un système d'éducation qui, par sa
nature même, tend à la ruiner. Nous avons
donc parlé comme Français et comme chré-
tien.

Nous ne nous faisons pas illusion sur la portée de nos paroles; nous ne comptons pas sur
elles dans la cause sainte que nous défendons;
mais elles nous ont été impérieusement dictées
par notre conscience. Quel que doive être l'évé-
nement, nous n'aurons pas à nous les reprocher.
Si, comme nous aimons à le croire, la liberté
d'enseignement nous est rendue, nous nous
féliciterons doublement d'avoir atteint ce but si
désirable. Si au contraire, ce qu'à Dieu ne plaise,
malgré tant de réclamations et d'instances, le
monopole était maintenu, du moins on saurait
que nous n'avons pas déposé les armes même
au plus fort du combat, et que jusqu'à la fin
nous avons protesté hautement contre une dé-
termination qui serait un immense malheur
pour la religion et pour la patrie.

www.ingramcontent.com/pod-product-compliance
Lightning Source LLC
Chambersburg PA
CBHW070946280326
41934CB00009B/2018